名古屋タイムスリップ
Nagoya Time slip

長坂英生 ── 編著
Hideo Nagasaka

風媒社

はじめに

　昭和時代が続いていたとすると令和7年（2025）は「昭和100年」となる。この国の人々の価値観や経済力、政治、文化は大きく変わったが、町の風景はどうであろうか？

　本書は、昭和20年代〜60年代に撮影された名古屋の風景を訪ね、同じ場所から撮影した「定点写真」を並べた写真集である。

　過去の写真は、街ダネを得意とした地元紙「名古屋タイムズ」（昭和21年〜平成20年）の写真資料を吟味し、おなじみの繁華街や各地の名所128点を選んだ。現在の写真撮影は名古屋タイムズアーカイブス委員会の長坂英生と風媒社編集部が担当し、令和6年6月〜9月におこなった。

　過去と今の写真を並べてみると、さまざまなことがわかってきた。

　まず、撮影前から予想されたことだが、多くの建造物が失われたことである。

　栄の丸栄、明治屋、愛知文化会館、広小路の名宝会館、ピンクビル、大須の映画館、名鉄瀬戸線の土居下駅、名古屋刑務所…。空間そのものが変わってしまった名古屋駅前と駅西、大曽根商店街、中京祇園街、名古屋港中央ふ頭…。

　戦後の高度経済成長の歳月はスクラップ・アンド・ビルドの時代であった。個性的な昭和の建造物は、機能優先の無表情なビルにとってかわられた。今後もビルの建て替えは繰り返されるだろうが、昭和の建造物のような豊かな表情をしたビルはもう登場しないのではないか。

　ところで、意外なことに繁華街は昭和の時代よりも緑が豊かになっていた。

　街路樹は巨大化し、撮影時期もあってか葉を豊かに生い茂らせて建物を、街を遮った。レンズ越しにその様子を眺めた時、一瞬、街が植物に飲み込まれるディストピアを思い起こさせた。

　一方で、ほとんど変化のない建造物や場所もあった。

　昭和29年6月に完成した名古屋テレビ塔は役割を大きく変えて生き残り、名古屋のシンボルとしてそびえたつ。広小路沿いの元東海銀行本店は結婚式場に変身したが、その重厚なたたずまいはそのままだ。栄の路地の飲食店小路「栄銀座」は周

辺の開発にもかかわらず残り、一部の店は今も営業を続ける。長者町地下街は繊維問屋街から飲み屋横丁に変身したものの健在。東区の坊ヶ坂は今もうっそうとした木々に囲まれて、せみ時雨の中にあった。

　変化しないといえば、その最たるものが道である。

　拡幅の有無はあるが、ほとんど残っている。道が変わらないことは撮影場所の特定の手助けになった。江戸時代の東海道が現在もほぼ残っているように、多くの道はこれからも残り、土地の記憶をガイドしてくれるだろう。

　寺社の石垣など宗教関係の石の構造物は時がたっても残されていることが多い。具体的には本書で確かめてほしいが、これも撮影場所の特定に役立った。北区の北川中橋は周囲の風景が一変したが、昭和の写真で見覚えのある石仏が、「ここだよ」と撮影者を導いてくれた。

　さて、「定点写真」と述べたが、時を経て撮影した場所への立ち入りが不可能となり、当時の角度から撮影することができないものもあった。ご了承いただきたい。

　写真に添えて、当時の名古屋タイムズの記事を掲載した。内容は現在とは違う部分もあるが、往時の雰囲気を伝えており、原文のままとした。また、撮影場所の当時の様子を知る人々に話をうかがい、掲載した。今では貴重な証言である。最後に、元名古屋市博物館写真技師の杉浦秀昭氏に専門家の立場から解説をお願いした。

　ご協力いただいたみなさんに感謝したい。

　令和6年8月

　　　　　　　　　　　　名古屋タイムズアーカイブス委員会代表　長坂英生

名古屋タイムスリップ　目次

はじめに　長坂英生 …………………………………………………2

名古屋城天守閣と本丸御殿跡（中区）　昭和34年9月 ……………10
名古屋東映の「まんがまつり」（中区）　昭和44年7月 ……………12
栄町交差点（中区）　昭和28年4月 ……………………………………13
オリエンタル中村（中区）　昭和30年12月 …………………………14
松坂屋栄町店（中区）　昭和35年11月 ………………………………15
丸栄と明治屋（中区）　昭和30年9月 ………………………………16
クリスタル広場のフォーク集会（中区）　昭和44年11月 …………17
広小路通（中区）　昭和24年1月 ………………………………………18
広小路の重厚ビル群（中区）　昭和32年10月 ………………………19
栄銀座（中区）　昭和37年11月 ………………………………………20
松竹小路（中区）　昭和37年12月 ……………………………………22
女子大小路（中区）　昭和38年11月 …………………………………24
名古屋テレビ塔と久屋大通公園（中区）　昭和61年12月 …………26
名古屋テレビ塔とNHK名古屋放送会館（中区）　昭和30年6月 ……28
名古屋テレビ塔3階から南を望む（中区）　昭和32年6月 …………30
名古屋テレビ塔展望台から西を望む（中区）　昭和29年6月 ………31
名古屋テレビ塔3階から北を望む（中区）　昭和37年11月 …………32
愛知県文化会館（中区・東区）　昭和33年6月 ………………………33
エンゼルパークの大噴水（中区）　昭和30年7月 ……………………34
伊勢町証券街（中区）　昭和29年春 …………………………………35
東陽通（中区）　昭和38年1月 …………………………………………36
南大津通（中区）　昭和28年7月 ………………………………………38

お妾横丁（中区）　昭和39年5月	40
名古屋市電の大津橋電停（中区）　昭和41年5月	41
錦通で地下鉄車両を搬入（中区）　昭和32年8月	42
長者町地下街（中区）　昭和32年11月	43
名宝会館（中区）　昭和31年5月	44
中日シネラマ会館（中区）　昭和40年1月	45
広小路でそぞろ歩き（中区）　昭和24年12月	46
納屋橋かいわい（中区）　昭和38年10月	48

　　●ピンクビル―新旧の姿をみせつける町

堀川・錦橋から納屋橋を望む（中区）　昭和63年1月	50
名鉄瀬戸線土居下駅（中区）　昭和39年5月	52

　　●お土居下―61万石の裏街道

名鉄瀬戸線のお堀電車（中区）　昭和51年2月	54
アメリカ村（中区）　昭和32年9月	55
大須・万松寺（中区）　昭和37年12月	56
大須・中公設市場（中区）　昭和29年5月	57
大須・万松寺通の洋服銀座（中区）　昭和32年2月	58

　　●焦土から繁栄へ―この15年

大須・万松寺通商店街の年末年始大売出し（中区）　昭和29年12月	60
大須の大提灯（中区）　昭和36年1月	62
大須新地（中区）　昭和28年12月	63
大須・新天地通映画街（中区）　昭和38年4月	64

　　●新天地―映画と飲食の町

西大須発展会（中区）　昭和38年6月	66
西別院（中区）　昭和39年12月	67

東別院 春のお彼岸会（中区）　昭和33年3月	68
中央本線鶴舞ガード（中区）　昭和33年12月	69
名鉄金山橋駅前（熱田区・中区）　昭和47年2月	70
美濃忠本店前と五条橋（中区）　昭和42年5月	71
堀川端（中区）　昭和39年6月	72
●堀川端―軍略でできた四間道	
四間道（西区）　昭和36年10月	74
円頓寺商店街（西区）　昭和24年12月	75
円頓寺本町商店街から名古屋テレビ塔を望む（西区）　昭和38年1月	76
蛇池神社（西区）　昭和39年5月	78
●蛇池神社―水郷情緒たっぷり	
伊奴神社（西区）　昭和39年7月	80
弁天通の「稚児弁天像」（西区）　昭和37年12月	81
枇杷島旧街道（西区）　昭和39年7月	82
●枇杷島旧街道―台所へつづく道	
明道町の菓子問屋街（西区）　昭和39年8月	84
黒川と北清水橋（北区）　昭和37年11月	86
北川中橋（北区）　昭和39年6月	87
名城公園（北区）　昭和39年8月	88
柳原商店街の夏祭り（北区）　昭和39年7月	90
庄内用水（北区）　昭和39年5月	92
●庄内用水―右と左に用水堀	
大曽根発展会（北区）　昭和37年11月	94
徳川園（東区）　昭和39年5月	95
国鉄中央本線大曽根駅（東区）　昭和34年2月	96

黒門公園（東区）　昭和39年6月 …………………………………97
建中寺（東区）　昭和36年10月 …………………………………98
出来町天王祭（東区）　昭和33年4月 ……………………………99
代官町の師走の風景（東区）　昭和37年12月 …………………100
東片端のクスノキ（東区）　昭和38年9月 ………………………102
清水口交差点（東区）　昭和37年2月 ……………………………103
中京祇園街（東区）　昭和38年8月 ………………………………104
　　●中京祇園街―流れる三味の音
白壁町（東区）　昭和39年6月 ……………………………………106
　　●白壁町―武家屋敷の面影いまに
坊ヶ坂（東区）　昭和39年5月 ……………………………………108
大幸公園かいわい（東区）　昭和39年8月 ………………………110
車道商店街（東区）　昭和38年3月 ………………………………111
今池南電停（千種区）　昭和28年8月 ……………………………112
　　●今池の人生書房にいたころ　山中書店店主　瀬古幸夫
仲田本通商店街（千種区）　昭和38年9月 ………………………114
覚王山軍人共同墓地（千種区）　昭和39年7月 …………………115
今池交差点の不快指数標識（千種区）　昭和39年7月 …………116
本山交差点（千種区）　昭和47年1月 ……………………………117
覚王山日泰寺の弘法さん（千種区）　昭和33年9月 ……………118
名古屋市電の大久手電停（千種区）　昭和26年7月 ……………119
千種本通（千種区）　昭和38年5月 ………………………………120
名京大教会（千種区）　昭和39年8月 ……………………………121
城山町（千種区）　昭和39年6月 …………………………………122
椙山女学園西側（千種区）　昭和39年7月 ………………………124

鏡池（千種区）昭和39年8月	126
名古屋刑務所（千種区）昭和39年7月	128
●名古屋刑務所―善悪分ける長く赤い線	
東山動植物園のモノレールと上池（千種区）昭和43年4月	130
西山団地（名東区）昭和37年2月	132
地下鉄東山線の高架路線で試運転（名湯区）昭和44年3月	133
鶴舞公園竜ヶ池（昭和区）昭和39年7月	134
菊園町の石川橋（昭和区）昭和38年7月	135
隼人池（昭和区）昭和39年7月	136
●隼人池―池に浮く白壁の影	
桜山交差点（瑞穂区）昭和38年8月	138
山崎川の桜（瑞穂区）昭和39年8月	139
雁道発展会（瑞穂区）昭和24年12月	140
大根池（天白区）昭和39年8月	142
●大根池―魚とる子どもの歓声、大空に	
守山区役所前（守山区）昭和38年2月	144
守山くずれ趾（守山区）昭和39年8月	145
桜通と国鉄名古屋駅（中村区）昭和34年9月	146
名古屋駅前（中村区）昭和40年2月	147
増築工事中の名鉄百貨店（中村区）昭和31年2月	148
駅西（中村区）昭和42年9月	149
柳橋交差点（中村区）昭和38年3月	150
中村の大鳥居（中村区）昭和25年7月	151
名古屋温泉ドリームセンター（中村区）昭和29年5月	152
清正公通商店街（中村区）昭和39年6月	154

旧稲葉地配水塔（中村区）　昭和39年6月	156
市営住宅戸田荘と宮田用水（中村区）　昭和45年7月	157
名古屋市電下之一色線（中川区）　昭和44年2月	158
松重閘門（中川区）　昭和39年7月	160
白鳥の貯木場（熱田区）　昭和62年9月	161
名鉄神宮前駅西口（熱田区）　昭和37年10月	162
熱田湊の常夜灯（熱田区）　昭和29年2月	163
大瀬子橋（熱田区）　昭和39年5月	164

　　　　●奇妙な歴史の香り―トントン渡る親子橋

名古屋一狭い商店街・沢上（熱田区）　昭和37年12月	166
高蔵町（熱田区）　昭和52年6月	168

　　　　●高蔵は機械屋の町でした　山下機械株式会社会長　山下隆蔵

名古屋港中央ふ頭灯台（港区）　昭和39年8月	170
名古屋港中央ふ頭（港区）　昭和36年11月	172
名古屋港1、2号地間の運河（港区）　昭和37年12月	173
名古屋港のはね上げ橋（港区）　昭和37年11月	174
築地口の夫婦松（港区）　昭和33年11月	175
道徳公園（南区）　昭和39年7月	176
大慶橋付近（南区）　昭和39年8月	177
鳴海駅前通商店街（緑区）　昭和38年12月	178
鳴子団地（緑区）　昭和38年4月	180
鳴海球場（緑区）　昭和33年7月	181

写真でたぐりよせる記憶　杉浦秀昭　　　　　　　　　　　182

名古屋城天守閣と本丸御殿跡（中区） 昭和34年9月

昭和20年に空襲で焼失した名古屋城天守閣の再建直後の写真。手前が本丸御殿跡。

写真や実測図などが残されていた本丸御殿は、伝統工法により平成 30 年に復元された。

名古屋東映の「まんがまつり」（中区）　昭和44年7月

栄交差点北、錦通沿いにあり名古屋の東映系の旗艦店。昭和30年7月開館、夏休み恒例の「まんがまつり」など子どもに親しまれた。平成14年閉館。現在は大観覧車が目印の栄サンシャインビルに。

栄町交差点（中区）昭和28年4月

オリエンタル中村（現・名古屋三越）前から北西を望む。交差点で交通整理する警官は信号機に代わり、派手な看板のあった場所には令和2年に商業施設「BINO栄」がオープン。

オリエンタル中村 (中区) 昭和30年12月

オリエンタル中村は昭和29年5月に栄町交差点南東角に進出。昭和31年まで3階建てだった。屋上観覧車がわずかに見えるが現在あるのは2代目。昭和55年に名古屋三越に改称した。

松坂屋栄町店（中区） 昭和35年11月

松坂屋栄町店は明治43年3月、栄町交差点南西角の市役所跡地に開店。昭和35年11月に閉店。現在は、スカイルが入居する栄ビルに。

丸栄と明治屋 (中区) 昭和30年9月

広小路を走る市電。写真左奥（東）が栄町交差点。右の建物が明治屋、その隣が増築中の丸栄。
現在、明治屋と丸栄はなく、明治屋跡地は駐車場、丸栄跡地は商業施設。

クリスタル広場のフォーク集会 (中区) 昭和44年11月

クリスタル広場は昭和44年11月、地下街サカエチカ誕生とともに設置。直後から若者たちがフォーク集会を開いたが排除された。今は「大同特殊鋼Phenixスクエア」と名を変え、オブジェは広告ビジョンに。

広小路通 (中区) 昭和24年1月

現在の広小路七間町の交差点から東を望む。奥左が丸栄ホテル（のちの栄町ビル）。その手前の木立が朝日神社。右は中央信託銀行で後方に丸善と明治屋。現在、朝日神社以外はない。

広小路の重厚ビル群 (中区)　昭和32年10月

当時、広小路には戦前からのビルが立ち並んだ。右から大和生命、東海銀行本店、住友銀行、三井銀行の各ビル。現在、旧東海銀行本店ビルは外観を残し、レストラン・結婚式場施設に。

栄銀座 (中区) 昭和37年11月

広小路沿いにあった明治屋の南、南呉服町と住吉町を結ぶ東西約90mの小路。当時から人気店、有名店がひしめいた。

周囲のビルは変われど小路は残り、中華飯店「夜来香」は今も元気に営業。

松竹小路 (中区) 昭和37年12月

丸栄本館（現・マルエイガレリア）の南にあった小路。東西2本の小路に約30店があった。

跡地は駐車場などに。栄に多数あった小路は次々に消滅している。

女子大小路 (中区) 昭和38年11月

その昔、中京女子学園があったのが名の起こり。バー、キャバレーなどが密集する歓楽街。

現在も歓楽街ではあるが、コンサートホールやホテルもでき、街の表情も変わってきた。

名古屋テレビ塔と久屋大通公園 (中区)　昭和61年12月

旧中日ビル（12階建て）屋上から撮影。久屋大通公園は植栽が繁る。

新中日ビル（32階建て）7階屋上広場から撮影。久屋大通公園には飲食店などの施設が並ぶ。

名古屋テレビ塔とNHK名古屋放送会館 (中区)　昭和30年6月

NHK名古屋放送局は昭和29年3月にテレビ本放送を開始。同会館は昭和30年7月開館。

平成3年8月、同局は愛知県芸術文化センターに隣接のNHK名古屋放送センターに移転。

名古屋テレビ塔3階から南を望む（中区） 昭和32年6月

久屋大通公園は整備が始まったばかりの初々しさ。左上には愛知文化講堂が見える。現在は公園内に商業施設などが設けられ、左端にオアシス21の水の宇宙船、中央奥に新中日ビル。

名古屋テレビ塔展望台から西を望む （中区） 昭和29年6月

名古屋テレビ塔完成直前に撮影。写真奥が名古屋駅方面。碁盤の目状の町並みには木造家屋がひしめく。現在はビルが立ち並び道路はほとんど見えない。

名古屋テレビ塔3階から北を望む (中区) 昭和37年11月

久屋大通公園で開かれたオートショーの様子。一帯はその後、ロサンゼルス広場やリバーパーク、セントラルブリッジなどが整備されたが、現在は商業施設や芝生広場が。

愛知県文化会館（中区・東区）　昭和33年6月

写真中央が愛知県の総合文化施設である県文化会館。左から県美術館、県文化講堂。その奥に県図書館。現在、県文化会館は愛知芸術文化センターに、北隣にNHK名古屋放送センタービルが。

エンゼルパークの大噴水 (中区)　昭和30年7月

久屋大通公園南のエンゼルパークにあった大噴水は昭和28年10月完成。現在は戦後復興事業の終息を記念した船形のモニュメントがある。

伊勢町証券街 (中区) 昭和29年春

当時は朝鮮戦争で沸いた株高人気がしぼんだころで、周辺の飲食店は「天丼がきしめんに代わるお客さんも」と名タイ記事。名古屋証券取引所は現在もこの地にある。

東陽通（中区） 昭和38年1月

東陽通は矢場町駅〜千種区・国鉄中央本線まで東西約2km。このうち600mに商店街があった。

かつて提灯祭りでは身動きできないほどにぎわったという。

南大津通 （中区） 昭和28年7月

松坂屋名古屋店などがある名古屋有数の商業地区。名古屋初のアルミニウム製開閉式アーケードがお目見え。

現在はケヤキの街路樹が日陰をつくる。

お妾横丁（中区）　昭和39年5月

戦火に焼け残り二階建て長屋が続く横丁。松坂屋の西南、若宮大通を北へ二筋目の幅員2m足らずの小路、白林寺へ行き着くまでの数十メートルだ。現在もその面影をわずかに残す。

名古屋市電の大津橋電停（中区） 昭和41年5月

愛知県庁の南にあった電停。写真奥が北で右上に県庁と市役所が見える。写真の市電は大津町線で、昭和43年2月全廃。左上のレトロな建物は今も健在の県庁大津橋分室。

錦通で地下鉄車両を搬入 (中区) 昭和32年8月

同年11月の地下鉄開通を前にした車両の搬入は現在の東海テレビ前あたりの錦通の下り坂を利用し、横穴を掘って実施。写真奥が西。錦通は地下鉄建設のために造られた。

長者町地下街（中区）　昭和32年11月

日本初の繊維問屋街の地下街としてオープンした直後の写真。地下鉄伏見駅に直結。現在は飲食店街として若者らに人気。

名宝会館 (中区) 昭和31年5月

納屋橋の東、広小路沿いにあった映画館。昭和10年11月開館。映画全盛期に名古屋の映画文化をリードした。平成14年12月閉館。現在はオフィスビルに。

中日シネラマ会館 (中区)　昭和40年1月

白川公園の東、若宮大通沿いにあった映画やボウリング場などを有した総合レジャー施設で、昭和39年開館。休日には家族連れや若者でにぎわった。平成16年閉館。現在はマンションに。

広小路でそぞろ歩き（中区） 昭和24年12月

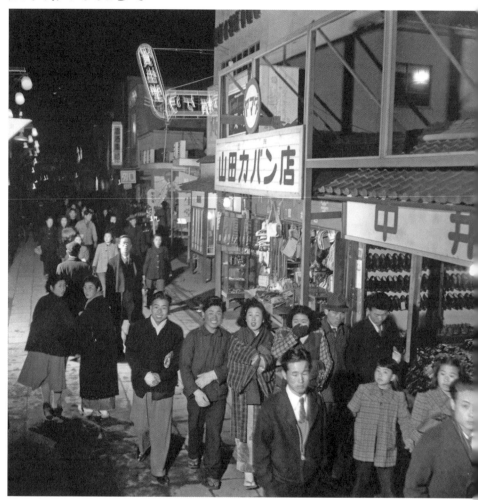

広小路伏見交差点から100mほど西。戦後初めて街路灯やネオンが復活してにぎわう光景。

商店はここ数年で様変わりしたが、右端に写るシューズ・バッグ販売の中井本店は、現在も営業中。

納屋橋かいわい（中区） 昭和38年10月

車が走る道路が広小路で、左奥が名古屋駅方面。右がピンクビル。

ピンクビル――新旧の姿をみせつける町

　歴史のにおいがしみついているような古びた蔵がいまだにデンと腰をすえている。中村区船入町三丁目のＫさんの話によると「その昔、徳川時代は御用米を運ぶ百石船が堀川を上り下りし船が出入りするところから"船入町"の名前が生まれた。いわば堀川は交通の動脈であって終戦前まではここに水産市場があり、名古屋の台所を一手に引きうけていた。この界隈には海産物問屋が立ち並び、各商店が競って蔵を建てたほど栄えた」とか。

　いまや、戦火から焼け残ったこの海産物問屋街には昔日の面影はない。わずかにひっそりと生きている蔵だけがひと昔前の繁栄をしのばせるだけだ。しかし急速に発展した駅前の余波をうけて、最近はこの町にも消費客を対象にした店が目立つようになった。

　名古屋っ子をアッと驚かせた"ピンクビル"がその横綱格。味のデパートとして食通に人気を集めているが、丹坂清明社長は「船が出入りして栄えたこの町を、今度は消費客が出入りする港にしなくては…」と新しい町づくりに意欲を燃やしている。

　市の都市計画でこのほど船入町のど真ん中の道路が拡幅されることになり、現在、道路沿いの古い店構えの店が立ち退きつつあり、これを機会に町はニュータウンとして生まれ変わる可能性が大きい。ともあれ、船入町は古ぼけた昔ながらの蔵の横に新しい時代の落し子ともいうべき、ピンク色のビルが威容を誇っている、新旧の姿をまざまざとみせつける町だ。
　　　　　　　　　　　　　　　　　　　　　　（「名古屋タイムズ」昭和38年10月15日）

堀川・錦橋から納屋橋を望む（中区）　昭和63年1月

写真奥が南。錦通にかかる錦橋から広小路にかかる納屋橋まで約200m。

現在は護岸が整備され、ゴンドラも行き交う。

名鉄瀬戸線土居下駅 (中区) 昭和39年5月

瀬戸線はかつて名古屋城東から南にかけての外堀を走行。外堀の東の入り口にあったのが土居下駅。尾張藩主が名城から脱出する際の出口だった。同線の栄乗り入れで駅は昭和51年廃止。

お土居下──61万石の裏街道

　名古屋城には"落ちゆく道"があった。

　"落ちる"は都落ちや、落城と同じ意味。栄光の座に背を向けてトボトボ歩く逆光の道である。野戦攻城が武門の常なら、栄光と逆光の二つの道は裏表。城に欠かせぬ落ちゆく道だ。

　城によっては"抜け穴"を作った。タヌキやキツネじゃあるまいし、徳川御三家の格式を誇る名古屋城に抜け穴なんて似合わない。尾張藩の気位は、逃げるときすら無理をした。かくて生まれたのが落ちゆく道。

　城には堀があって、土居がある。堀を掘って土が出るから土手を築く。この土手を土居と呼ぶ。名古屋城にも外周に土居があるのは大方のご存じのところ。日ごろもっともお目にかかるのは南外堀と、市役所の北、清水口から土居下にかけてつっ走る緑の土手だろう。ここまでは名鉄瀬戸線と同じコース。「土居下」駅から線路とわかれて土手は西へ。お土居下というのはこのあたりなのだ。

　落ちゆく道の原名は"鶉口"という。特殊社会にのみ通じる一種の隠語だが、場所は現在の自動車試験場付近。二の丸庭園を左に折れ、カラ堀からお堀に出て、鶉口に達する。ここまで来ると、いわゆる有名なお殿様の親衛隊"お土居下御側組同心"が待ちうけて、主君をかこんで落ちのびる予定のコースをたどってみると、お土居下から、だいたいいまの瀬戸線の南の約50メートルのところを東へ。片山神社下から尼ヶ坂をのぼり田んぼ道を杉村へ（北区杉村町）そして大曽根へ出る。大曽根には徳川家のお下屋敷があった。いまの徳川園かいわい。恐らくここで子女と合流したのだろうとは下司の推量だ。目ざす行く手は木曽だった。途中で定光寺にたちよるのは、ご廟所におまいりするもの。木曽は尾張徳川家の奥座敷だったからだ。

　幸いにも、この落ちゆく道は未通のまま終わった。万一のばあい主君を待つ、仮定の道として終わったのだ。踏まれることもなく枯れ果てた路傍の草についに栄光の日は訪れなかったが、落ちゆく道も、お土居下同心たちも、ホッと肩の荷をおろして消え去ったに違いない。

　お土居下は笹と雑木におおわれた、歴史を秘めた道である。

（「名古屋タイムズ」昭和39年5月24日）

名鉄瀬戸線のお堀電車（中区） 昭和51年2月

名鉄瀬戸線は当時、現在の愛知県図書館南の堀川駅を起点として堀川駅—土居下駅間は名古屋城外堀を運行。通称・お堀電車。写真は栄乗り入れで同区間が廃止される前のさよなら運行。

アメリカ村（中区） 昭和32年9月

戦後、名古屋の進駐軍（GHQ）の一般将校らが宿舎とした通称「アメリカ村」。129戸と教会や学校もあった。昭和33年6月に返還、現在は白川公園として市科学館や市美術館がある。

大須・万松寺 (中区) 昭和37年12月

織田信長ゆかりの万松寺は空襲で全焼。写真当時、本堂はなく稲荷殿と不動殿のみ。平成6年に鉄筋コンクリート造りの本堂が完成した。平成29年には不動堂・稲荷堂を建て替えた。

大須・中公設市場 (中区) 昭和29年5月

赤門通と新天地通が交わる交差点にあった中公設市場。大正時代から地域の食を支えたが、建物の老朽化などで平成29年閉鎖。現在は飲食などの複合商業施設が建つ。

大須・万松寺通の洋服銀座（中区） 昭和32年2月

万松寺通を南北に貫く路地で、通称・洋服銀座。あるいは既製服が吊り下げられて売られたことから「首吊り横丁」。現在は屋台の飲食店がひしめく。

焦土から繁栄へ──この15年

　15年──。大須にとっては他の盛り場とは違った道を歩んだ時期だった。伸びる名古屋の市勢とともに発展をみた他の盛り場とくらべると大須は昔の繁栄が忘れられない斜陽族のそれに似た苦しみを味わってきた町だともいえるだろう。爆撃で一面焼け野原となった町にいち早く建ち並んだヤミ市が雑多な犯罪を内に包みながらも人を集め大須観音宝生院、東の万松寺を中心にしだいに復興していった。

　万松寺通の興行街はうるおいのない市民の生活のオアシスだったし、ヤミ市に集まる物資がもとで値切れば安くなるという庶民の要求にうけて人の流れも切れ目なく続くほど繁盛もした。しかし経済の安定と生活水準が向上するにつれて市民の生活感覚も変化した。客足は雑然とした大須から町並みの整った広小路商店街へと移っていった。

　この傾向ははじめひとつしかなかった百貨店が二つになり、三つになるに従って強くなり四百貨店の開店でさらに決定的なものになっていったようだ。

　しかし、大須に生きる商店街の人たちは年ごとに減る客足をただながめているだけではなかった。「昔は平日でも夕方ともなれば流れる客足のとまることがなかったのですがねえ」──こういいながらも百貨店、広小路対策として数年前、総合商店街、横のデパートを目ざす万松寺通発展会が長さ約300メートルにわたって路上に大アーケードを築いた。

　交差する各商店街も同じ努力を重ねた結果、遠ざかっていた客足もまた活気を見せるようになった。昨年仁王門通が総合ビル化案をたててからあたりは面目を一新、さいきんでは週末は人の流れも切れ目がなくなるまでになった。各通が同様に総合ビル化案をたてており、元アメリカ村の白川町一帯が市街として発展すれば広小路ともつながることになり、大須はさらに新しい繁栄を期待できるだろう。

（「名古屋タイムズ」昭和36年5月20日）

大須・万松寺通商店街の年末年始大売出し （中区） 昭和29年12月

商店街の東西入り口に大アーチを設けて、羽子板と羽根をあしらった。

アーケードは昭和32年3月に完成した。

大須の大提灯 (中区)　昭和36年1月

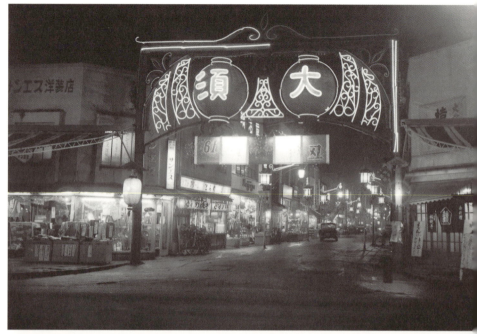

仁王門通商店街の東端にある大提灯は戦前から名物だった。戦時中に何らかの理由で撤去されたようだが、昭和23年10月、高さ10mのアーチに直径2mの提灯を掲げ復活した。

大須新地（中区） 昭和28年12月

敗戦直後に大須観音境内で店を構えた43軒が入居。この場所は平和公園に移転した大光院の跡地。現在も複数の店が肩寄せ合って営業している。

大須・新天地通映画街 （中区） 昭和38年4月

万松寺のある新天地通はかつて、日活、東映、大映など4つの映画館が立ち並んだ。昭和52年5月にアメ横ビルが建ち、「電脳街」に変身。

新天地——映画と飲食の町

　新天地——これが万松寺境内だったのだろうかと首をかしげたくなるほど発展している。名称そのまま大須の新興地だ。赤門通から岩井通までの約250mに映画館、飲食店、衣料品店、パチンコ店など83軒がぎっしり建ち並び"映画と飲食の町"といえそうだ。映画は松竹、東宝、大映、日活と封切り館がずらりと並び、ハイティーンらしい三人づれのお嬢さんが、浜田光夫主演の日活映画"煙の王様"を上映中の万松寺日活に楽しそうに笑いながらはいった。手にした白のハンドバッグがいかにも健康的にみえた。

　映画館前をすぎると大樽屋食堂、大松食堂がある。大衆食堂だが万松寺境内に一番早く店を出したというしにせだ。黄花園での菊人形を見ての帰り大樽屋、大松食堂で丼物、うどんで腹を満たしたものだった。大松食堂前（西側）に名古屋万松寺稲荷の社が商店街の中でひっそりしていた。朱塗りの稲荷門の根もとがはだけているのがさびれた感じだ。同社は上前津から若宮町あたりまで広大な境内をもっていたが、大正元年に土地の発展を期そうと境内を通路に開放するとともに商店が立ち繁華街となった。昭和20年戦災で全焼、いまは身代不動明王（侠客尾張大八が身の大ヤク難をまぬがれたという伝え）と稲荷が背を並べてまつってあるが、参拝をする人も年々減っているようだ。

　また境内のあき地では木下サーカスが開かれたし、うっそうと茂った森はかっこうの自殺場所になっていたともいわれる。

　菊人形、芝居小屋として親しまれた黄花園は昭和35年に閉館、いまは駐車場になってしまった。これも時代の流れとはいえ"大須の味"が一つでも姿を消してゆくことはなんとなく寂しい気がする。パチンコ店から流れる"チンジャラ"の音、映画館の案内嬢が上映映画の解説で呼び込みをかける声とレコードの流行歌が交錯して聞こえるのが、この町のかざりない素顔といえそうだ。

（「名古屋タイムズ」昭和38年6月25日）

西大須発展会 (中区)　昭和38年6月

西大須発展会は南北に走る伏見通(国道19号)の1本西の通りなどの一帯。大正期まで名古屋随一の遊里・旭遊郭があった。

西別院（中区） 昭和39年12月

正式名は本願寺名古屋別院。江戸初期の「清州越し」で現在地へ。左の西別院ビルは昭和37年5月完成。右は仮本堂で、昭和47年本堂が完成する。

東別院 春のお彼岸会 （中区） 昭和33年3月

正式名は真宗大谷派名古屋別院。当時、春と秋の彼岸会は7日間、約60の露店が立ちにぎわった。現在は毎月12日の御坊縁日のほか毎月8のつく日に朝市が立つ。

中央本線鶴舞ガード（中区） 昭和33年12月

鶴舞図書館西側のガード。同年3月から騒音防止強化週間が始まり、名古屋市が主要交差点に注意喚起。現在、交通量はけた違いに増えた。

名鉄金山橋駅前 (熱田区・中区)　昭和47年2月

現在の金山総合駅の東、金山橋（写真奥）の途中の坂を下るとあった。朝夕は会社員や学生で混み合った。坂の片側には新聞の売店や飲食店、独特の雰囲気が漂うもう一つの名古屋の玄関口だった。

美濃忠本店前と五条橋（中区） 昭和42年5月

和菓子の老舗「美濃忠」は江戸期創業。写真奥（西）に堀川にかかる五条橋。橋を渡ると円頓寺商店街。
堀川沿いにビルが建ったが、界隈の風情は昭和が香る。

堀川端 （中区）　昭和 39 年 6 月

写真右端に架かるのが中橋。西を眺めたところ。マンションができ、護岸整備がされているが、橋脚や橋のたもとにかつての面影が残る。

堀川端——軍略でできた四間道

　堀川には、なんとなく情緒がある、あの黒く、紫色に濁った水、流れもなくよどんだ水、けだるそうに浮かんだ木材の列、岸はゴミの山。一段高い道路から目につく堀川の姿はまずこんなもの、そのどこがいいのか知らない。だがやっぱり、堀川には味がある。

　あるいはそれは、納屋橋あたりの美しい夜景、その赤い灯、青い灯を夜ごとにうつす静かな水面、橋にたたずんでそれを見た、いつかの思い出を呼びもどすのかもしれない。現実的に見てはダメ。夢の世界に生きつづけるのが堀川ということになりそうだ。

　城を出てから約6キロ、名古屋の港にそそぐまで、堀川は都心の端を区切って流れていく。それは昔と変わらない。いまから350年前の慶長15年、福島正則が総奉行となり、二十余人の大名を動員して開削した当時は川幅22メートルから88メートル、水深1.8メートルの大工事、川幅こそ少しせまくなったところがあるが、木材輸送の主目的は変わりない。

　名古屋の人ならご存じのはず四間道という道。築城にともない開削された堀川の西側は、つまりは城下町のはずれである。この道にそって土蔵を建てれば、土の防壁になる。そのためここに家を建てる町民はみんな道に面して土蔵を建てさせられた。藩の命令だから仕方がない、それがいわゆる四間道を生んだ。白壁と黒塀のつづく町、封建武家社会の戦略が生んだ遺物である。その影響が残るのが塩町、大船町、沢井町、小島町あたり。とくに桜通りの桜橋から五条橋付近までが一番よく、明治維新はおろか300年の命脈を保った民家さえある。堀川の湿気で色はくすみ、軒はくずれかけたような土蔵や平屋が、今も倉庫などに使われて立ち並ぶのは名古屋でもちょっと珍しい光景。黒の色さえ華があるように感じられるのも歴史の貫禄というものだろう。

　堀川端のこの町並みも、やがて消え失せるに違いない。老朽建造物には金をかけて補修する人もないのか、荒れるがまま。堀川のあのドス黒い水面に、白壁の土蔵や木造家屋が姿をうつさぬ日が来たらどうしよう。その時こそ堀川は真っ白なコンクリートの護岸補修で化粧がえ、川底もさらえて、うす緑の清流を流してもらおう。古い名古屋の累積まで、さっぱりと流してもらうのだ。

（「名古屋タイムズ」昭和39年6月7日）

四間道（西区）　昭和36年10月

円頓寺商店街の東にあるかつての商人町。元禄の大火後に防火目的で四間（約7m）に幅員を拡大した。白壁の土蔵が並ぶ街並みは荒廃していたが、今は飲食店などに改装され人気スポットに。

円頓寺商店街（西区）　昭和24年12月

江戸期から繁華街としてにぎわったが昭和30年代から一時期衰退。平成に入り地元住民の町おこしで復活。アーケードは昭和39年10月に設置。

円頓寺本町商店街から名古屋テレビ塔を望む（西区）　昭和38年1月

市道江川線を挟んで円頓寺商店街に続く商店街。写真奥が東で、円頓寺商店街の看板が。

アーケードは昭和39年6月に完成。トン焼き屋や甘物屋などの人気店も健在。

蛇池神社（西区） 昭和39年5月

上の写真は蛇池脇の堤防道路をゆくトラクター。中央奥に新川堤防改築記念碑が建っている。下の写真はそこから堤防を下りて蛇池のほとりに建つ蛇池神社を望む風景。

蛇池神社──水郷情緒たっぷり

　二つ並んで流れていた矢田川と庄内川が、北区から西区にはいったとたん一つになる。名前は相変わらず庄内川だ。そして最初の橋は庄内橋。明道町─浄心町からまっすぐに北上する庄内通の突き当たりである。

　橋を渡ったら、堤防ぞいに右へ行く。つまり上手(かみ)。道に点在するホコリまみれの民家をながめるうちに、道は堤防から離れてしまう。ちょうど、バスの道とも同じ道。橋のタモトが庄内橋、堤防から別れる地点が大野木、そこから道は北へ進み蛇池神社前とバス停がつづく。ここまで来ればしめたもの。蛇池神社までは一直線だ。

　神社といっても、ほんのホコラが建っているだけ。神社らしい森もなければ鳥居もない。主体は蛇の住む池である。だから蛇池。蛇池に出来たホコラだから蛇池神社と名がついた。池は約3000平方メートルくらい。なにせ、蛇が住む池というので、つい最近、池の南に新築された鉄筋のお堂には"蛇池龍神"と書いたノボリが風にひらひら。ちょっと、どこかの新興宗教じみた怪しさがある。

　この池に大蛇が住んでいたのは400年も前のこと。うわさを聞いた織田信長がけしからぬ大蛇めとフンドシ一つで飛びこんで捜したが見当たらなかったという伝説つき。いまでは魚がいっぱい。静かな水面に波立たせるのは魚の大群だ。ただし、神社と西警察所の名前で、うまい掲示がしてあった。「告。心願成就魚。この池の魚類をとるべからず」というのだ。魚もわがけん族にして、食えば一生満足をえられずという意味らしい。

　池は魚の天国。アシの茂る池の小道にあきあきしたら土手にのぼるとよい。やや左手が弧をえがき、延々とつらなる高い土手は庄内川の予備堤防だ。中（東側）に畑をはさんでもう一本、同じような堤防は南北に走る。庄内川ははるか右手（南）を東西に流れているはず。見渡す景色は雄大だ。足もとに見える蛇池やホコラなど、ものの数ではなくなってしまう。そしてこの堤防の道がまたすばらしい。大木が緑の陰をつくり、地にはうような雑草が芝生のように生えている。水郷と田園風景といった素朴な感傷は、都会人の心に焼きつくに違いない。　（「名古屋タイムズ」昭和39年5月30日）

伊奴神社（西区）昭和39年7月

伊奴は「いぬ」と読む。『延喜式』にも記載があり、673年の建立と伝わる神社だ。惣兵衛川にかかる宮前橋を渡ると鳥居があり境内へというルートは変わらないが、橋の左右約20mが暗渠になっている。

弁天通の「稚児弁天像」（西区） 昭和37年12月

弁天通商店街を象徴する名物をと依頼された彫刻家が製作し、昭和31年6月完成。日本初の白セメント製の像で、当時は道路中央のグリーンベルトにあったが平成14年5月に歩道に移動。

枇杷島旧街道（西区） 昭和39年7月

美濃路沿いにある清音寺境内。琵琶の名手であった太政大臣藤原師長と長者の娘との悲恋物語が伝わる。

枇杷島旧街道——台所へつづく道

　ころは治承4年と思し召せ。まだ平清盛が生きていた時代。頭の中でギーッと歴史のネジをもどしてもらう。784年前。枇杷の木の群生するこのあたりで悲しい出来事が起こっていた。

　許されて、都に帰る男をうらみ、この村の娘が入水した。4つの緒の調べもたえて、三瀬川、沈み果てしと君に伝えよ——かたみの枇杷に辞世をきざみ、渦巻く水に投じて死んだというのだ。枇杷が琵琶になり、また枇杷に帰った、西区枇杷島である。その風流な伝説の舞台はどこなのか。枇杷の群生もなく、渦巻く流れもなくなったが恐らくそれは枇杷島橋から少し上手の庄内川に違いない。名鉄本線ガード下、清音寺という寺が、琵琶を抱いて水死した女の菩提寺といわれている。

　この旧街道、今は枇杷島橋を渡るより手がないが、昔はもっと上手に木橋があった。それを渡って枇杷島へはいる。清音寺の前を通り、枇杷島市場の北を通り、押切方面へ出る。もう一つは市場の西を南へ折れて栄生へ出る。そして名古屋へ入る道。戦災にもあわず、古い街道風景がそこにある。家紋を染め抜いたノレンをかけた質屋があるし、町なかではちょっと見たこともないカツオ節屋、昭和の初めごろまでしか見たことのないようなセトモノ屋もある。店の構えと、ディスプレーは別として売っている茶碗までがなぜ旧時代のものなのか。治承年間からの時代のズレは、よほど現代に近づいたとはいうもののまだおかしい。さすが旧街道ならでは見られないシロモノだ。町全体が、眠りの中につつまれたような雰囲気といってもいい。

　この町の眠りをさますのは、枇杷島市場。この町に活を入れるとともに、この町に文字どおり夜明けをつげる掛け声である。日々450トンの蔬菜と200トンの果実、その他に塩干物と漬物を徹夜で荷受けし、200万名古屋市民の台所をあずかる大市場。ここに毎朝1400人の小売り屋さんが仕入れに来て新鮮な果実を持ち帰っていく。わたしたちにとっては、生命のツナともなるのが、この眠ったような街道なのだ。歴史のズレを感じさすような伝説だけでなく生活を蘇生するパイプの道は果てしなく庄内川の堤防へとつながっていくのである。　　　（「名古屋タイムズ」昭和39年7月2日）

明道町の菓子問屋街 (西区)　昭和39年8月

全国でも有数の駄菓子問屋街で、多くのお店が軒を連ねた。写真は「たつや」前から西を見たところ。

現在も「たつや」は営業中。その向こうは老人介護福祉施設になっている。

黒川と北清水橋（北区） 昭和37年11月

北区内を流れる黒川（堀川）にかかる北清水橋をのんびり走る市電。同橋は昭和12年竣工。現在、護岸が整備され、橋の上には名古屋高速道路が縦横に走る。

北川中橋（北区）　昭和39年6月

南川中橋とともに昭和19年に再築された庄内川にかかる木橋。台風により橋脚が流され、通称「ガタガタ橋」。お地蔵さんは近くで水死した子をお祀りし昭和34年に建立。昭和40年、少し東に新川中橋ができた。

名城公園（北区） 昭和39年8月

戦災で焼失した天守は、昭和34年に再建された。公園内のおふけ（御深井）池から名古屋城を望む。

池の前に道路ができたり景観は様変わりしたが、木々の間からかろうじて名古屋城の姿が。

柳原通商店街の夏祭り（北区）　昭和39年7月

名古屋の官庁街の東にある南北の商店街。空襲で焼け出された商店が集まり、戦後になって栄えた。

商店街の南端にはかつて名鉄瀬戸線が走った名古屋城外堀、南を見れば名古屋テレビ塔が見える。

庄内用水（北区） 昭和39年5月

上の写真の右上に名古屋城が霞んで見える。右下に写っているのが黒川樋門。下の写真は、その黒川樋門前から撮影したもの。新たな道路やマンションなどが立ち並び、かつての景観を見ることはできない。

庄内用水——右と左に用水堀

　細い道は、川を両脇に従えて城をめざして西南につづいた。昼下がりのスモッグに濁った名古屋の空と巨大な城は、この一筋の白い道を吸い込むように見えた。空と城と川と道は、堅く手をとりあって消え去るようにも見える。

　左（南）がご用水、右（北）が黒川。ご用水は城内に引きこむ大切な水。慶長年間に名古屋城が築かれて、さて水堀の水をどこから引こうかと考えたとき、城の偉い人たちは実に雄大な計画を立てた。水のきれいな庄内川から引きこもうというだけなら驚くこともないが、場所が現在の水分橋（守山区）で水を分け、矢田川の川底をくぐらせようというもの。つまり、矢田川の川底にトンネルを掘って水を通し、ふたたび地上に出してプールを作る。この水がご用水と黒川と、写真には見えないがもうひとつ西へ向かって惣兵衛川を流すのである。黒川は途中で堀川となって納屋橋の下を流れる川。惣兵衛川は農業用水。三つの川が重なりあうように流れるから、ここ矢田川にかかる橋を三階橋という。プールは三階橋の東下だ。プールの面積は約6〜700平方メートル。水門は四つあって、一番大きいのが地下トンネルで庄内川を引きこんだ元セン。これは明治44年5月に改築された碑面がはめてあり「庄内用水矢田川伏越樋」と彫ってあった。前記のトンネルは竹であんだクダを通したものだったから「竹の水道」という意味だろう。

　黒川の水門は、かなり古い。この水門を見るだけでも、散歩道の値打ちはありそう。右に黒川を、左にご用水を従える道である。

　道というより土手である。土手には松が植えてある。松並木。松の木はバラバラ。それでもちかごろの東海道の松並木なんかより、よほど数が多いし風情がある。古風な水門と松並木のかなたに名古屋城が浮き上がるのだ。

　道は、白い一本の帯。二本の川と白い道はどこまでも平行線でつづいていく。春になればツクシも生える。どこまでも詩情に富んだのどかな道だが、水はきたない。流れはよどみ、汚水そのものだ。しかし、その水も、近く名古屋市の予算でたっぷりと流れるようになるらしい。城のお堀に、もう一度、水を満たそうという計画がそれである。この川と道にとって、うれしいニュースである。

（「名古屋タイムズ」昭和39年5月26日）

大曽根発展会 (北区) 昭和38年6月

大須、円頓寺と並び称された商店街。衣類から飲食、銭湯など40種の商店がそろった商店街は名古屋でここだけ。平成元年に「オズモール」になった。

徳川園（東区） 昭和39年5月

かつては尾張徳川藩大曽根屋敷だった徳川園。戦災の焼け残った正門は、黒門の名で親しまれ、樹海のうねりをぬって古風なシルエットを見せてくれる。

国鉄中央本線大曽根駅（東区） 昭和34年2月

明治44年4月に開業。昭和20年4月の空襲で駅舎は全壊。写真は再建された駅舎。現在、周辺は名鉄、名古屋市営地下鉄の駅とガイドウェイバスの停留所が集まる名古屋の北の玄関口。

黒門公園（東区）　昭和39年6月

戦前までは徳源寺の地所だったうっそうたる森。池もあった。それが市の公園と変身したもの。いまは市民の憩いの場として貴重な存在だ。

建中寺（東区） 昭和36年10月

建中寺は尾張徳川家ゆかりの名刹。筒井町商店街沿いにある。写真は総門から山門を望む。現在は両門の間にある公園の植栽が生い茂る。

出来町天王祭（東区）　昭和33年4月

出来町天王祭で山車を曳く中之切の若連中。ほぼ同じ位置で、氏子たちに曳かれて町内を練り歩き、悪疫退散をする河水車。現在は元の天王祭に戻り、毎年6月第一土、日に開催。

代官町の師走の風景 （東区） 昭和37年12月

かいわいは尾張徳川家の菩提寺・建中寺を中心に古くから盛り場として栄えた。

中区の中心街が近く今は住宅地としても人気が高い。

東片端のクスノキ（東区） 昭和38年9月

東片端交差点から清水口方面を望むと道路上に大きなクスノキがある。武家屋敷敷地内にあった木で、道路拡幅で伐採計画があったが地域の要望で残された。

清水口交差点（東区）　昭和37年2月

国道41号と出来町通が交差する交差点。写真奥が東。木曽街道から名古屋城下の清水に入る北の玄関口だったことから名が付いた。

中京祇園街（東区）　昭和38年8月

今は入口のアーチも撤去され、街並みはすっかり変わってしまった。

中京祇園街——流れる三味の音

　舎人町といっても現代の名古屋ッ子と古い名古屋人の間では、だいぶ町の語感からくる受けとり方が違うそうだ。

　よき時代の舎人町は、またこよなく楽しい町だった。いまでも舎人町といえば、名古屋の代表的な花街だが、往時とは趣を異にしている。いまでも戦火からまぬがれた古いたたずまいの店先から、昼ひなかでも"チンツン、シャン"と粋な三味線の音が流れ、昔の面影をそのまま残している。

　普通、舎人町と呼ばれているのは舎人町、東新道町、七小町萱町、松山町の各町内を含めての総称。いまでは若さが売り物の舎人町芸妓「中京連」の根拠地。それだけに寮という名の置屋85軒に約200人の芸妓と50軒の料理屋が集まっている。

　しかし、平穏に舎人町が昔のままに栄華を誇っているわけではない。戦後の置屋制度の廃止や売防法の施行で舎人町は何回となく激しいアラシに見舞われた。だから町の様相こそ変わらないが、内容はグンと変わってしまった。

　この町の繁栄をもたらす一つの手段として京都の祇園にならい中京祇園街と名づけ、芸妓も"中京連"として売り出した。その中京連は、現代の世界ではめずらしい平均年齢25歳という若手をそろえ、数も多いので名古屋では名妓連と並ぶまでになった。それに最近、歌謡曲でヒットした"人生劇場"や"王将"を中京連独特の新内に組みこみお座敷でヒットしている。この町の自慢は歴史的にも古い町名と生まれかわった芸妓の町ということだろう。

(「名古屋タイムズ」昭和38年8月6日)

白壁町（東区） 昭和39年6月

写真右の「か茂免」の白壁は変わらない。続く街並みや道路の起伏もあまり変化がないように感じられた。

白壁町──武家屋敷の面影いまに

　名古屋市の東区は、だいたい武家屋敷だったと思えばよい。藩主徳川さまの大曽根屋敷をはじめ、成瀬、石河、渡辺ら重臣の下屋敷があったのがいまの徳川園かいわい。そこから南へ百人町、黒門町は軽輩の門番クラス、西へ来て橦木町、主税町、白壁町は中級武士の下屋敷というぐあい。中級というのは禄高にして300石くらいの武士。ついでにサムライのことをちょっと知っておいてもらおう。

　尾張藩の場合、サムライは800石どまり。戦陣に出て、実際にチャンバラする戦力になる人たちである。それから飛んで、上は1000石から。藩士とはいっても家老の成瀬隼人正などは3万5000石もらっていた。1石は2俵半。いまの価値からいえば約1万5000。300石は450万円になるのだから、中級武士といえども豪勢な暮らしができた。自費で別荘（下屋敷）を建て、白い壁の土塀をめぐらして威張って暮らした。白壁町の名の起源である。

　こうしたサムライ屋敷の面影を一番よく残したところは、町全体としては、やはり白壁町、南北を山口町線と片端線に、東南を東部循環線と黒川線に囲まれた一角。白壁町は北から初めての通りである。西を向けば市役所のトンガリ屋根が通りをふさぎ、東へ歩けばダラダラ坂で金城学院の裏手を通る。平均化された大きな屋敷がずっと続く。道路に面して庭があり、その緑は通りいっぱいにこぼれ落ちる。塀から身を乗り出すようにした緑の町である。それに、白壁の塀も、黒板の塀に姿を変えた、だから白壁町は昔の名、今は"黒壁町"と呼ぶ方がいい。サムライ屋敷の本もの遺物はこのかいわいに2カ所ある。

　白壁町二丁目の北側にある長屋門と、主税町四丁目の南側にある佐藤家の門がそれ。古さにおいては長屋門がだんぜん優るがここははっきりした所有者が住んでいない。長屋門らしく、門の両ソデに住人がいるらしい。門から中へは自由に通り抜けられる。細い通路がくねくねとまがり、中に民家の集落があったりして、ちょっとおかしな町づくり。道はいつしか南北の公道へ出てしまう。

　通りは実に落ち着いている。歩けば心も静まろう、高級街らしく女中なんが歩いていく。

（「名古屋タイムズ」昭和39年6月10日）

坊ヶ坂（東区） 昭和39年5月

名鉄瀬戸線・尼ケ坂駅の南の高台にある片山八幡。神社の東が坊ヶ坂、南に尼ヶ坂。

写真左が神社の石垣で、右は民家。夏もひんやり、江戸時代の風情を残す。

大幸公園かいわい（東区） 昭和39年8月

写真左（北）を流れる矢田川と住宅街を区切る堤防を歩く野球少年。堤防は地域住民の散歩道だ。公園は河川敷にある。戦前に開園し、現在も市民が野球などを楽しむ。川を越えると守山区。

車道商店街（東区）　昭和38年3月

国鉄（現・JR）千種駅西の南北の商店街で、大正期からある。尾張徳川家の屋敷（現・徳川園）造成のため石を運んだ道ともいわれる。写真奥が北。戦災でも焼け残り、現在も新旧の店が共存。

今池南電停 （千種区） 昭和28年8月

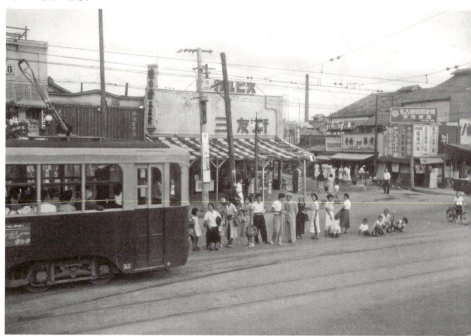

今池の人生書房にいたころ

山中書店店主
瀬古幸夫

　昭和8年生まれです。15歳で古書業界に入り、栄町にあった竹内書店に勤めはじめました。いまの三越があるところですね。ひと月ほどで今池店に配属になり、同じ今池にあった人生書房に移ったのは19歳のとき。ちょうど前ページの写真が撮影された時期です。真ん中に「三友軒」の看板が見えますが、ここは食堂でした。左隣りが同じ経営者による大衆酒場、その隣が「ゴラク」という台湾系の人がやっていたパチンコ屋で、その次が人生書房。残念ながら写真には写っていませんね。

　写真の右端に「パチンコ」の文字が見えますが、「ミヤコパチンコ」です。この一角は日本ヘラルド映画を創業した実業家・古川為三郎の土地で、「ミヤコ」というのは古川の親しかった女性が経営していて、本人の名前が店名。隣にはゼンという喫茶店がありました。この店はしばらくして少し東に行ったところに移転しますが、古川の息子さんがやっていた。名前が善次郎だったかな？　だから「ゼン」という店名。今池では一番繁盛していて、私もほぼ毎日通いました。

　その隣が映画館の国際劇場で、次の細い道を入るとアカデミーという映画館があった。質のいい外国映画をやっていました。その奥の自転車置場だったところに「トニオ」という酒場ができたんですね。トリス、ニッカ、オーシャンの頭文字をとった店名。安いウイスキーを水割りかハイボールで一杯50円。コーヒーが30円のころですから、50円バーなんていってね。結局おかわりするし、つまみをとるし、友達と二人でいくと500円はかかった。当時は収入が少なかったから500円は結構な大金でした。

　人生書房の前あたりは市電の安全地帯で、八事と笠寺方面の電車が出ていました。ここが始発なのでしばらく止まっているんですが、電車が出る直前などは店内にいるお客さんも慌てているので50円玉がポンポン行き交い、袋詰もあるし、会計がたいへんだったことも。

　お店の営業時間は朝9時から夜9時まで。閉店時間になるとガラス戸を締めて表の電灯を消しますが、それでも入ってくる人もいたほど盛況でした。昼間は外回り担当だったので、個人のお宅から古書を引き取ったりする毎日。忙しいときにはパンをかじりながらスクーター（三菱ピジョン）を運転しましたよ。

　名古屋駅前までバイクで行って、取次の三協社で特価本を仕入れたりすることもありました。そんなときには、名古屋駅周辺でお昼を食べた。お気に入りは新名古屋ビルにあったマイアミという喫茶店です。なんでも50円で、たとえばマカロニグラタン50円を頼むとご飯がつきました。食べざかりだから助かりましたね。

　今池に勤めていた9年間でずいぶん街は賑やかになった。とくに裏通りはがらりと変わりましたね。

　独立して昭和区山中町で古書店を始めたのが昭和36年のことです。（構成／編集部）

仲田本通商店街（千種区）　昭和38年9月

錦通の今池と池下の中間あたりから南北にのびる商店街。写真当時は約200店が軒を並べた。現在も季節ごとのイベントなどでにぎわいを見せる。

覚王山軍人共同墓地（千種区）　昭和39年7月

昭和12年の日中戦争勃発直後に戦死した郷土部隊の遺族が建立した。遺影を元に彫刻師らが約100体を製作。現在は南知多町の寺に移設された。現在写真は、墓地のあった月ケ丘三丁目に続く道。

今池交差点の不快指数標識（千種区） 昭和39年7月

不快指数が交通事故の原因の一つになっていることから名古屋千種署が同交差点に設置。不快指数80以上になると市内5つの交差点に設置した。写真左が北。同交差点は今も交通量が多い。

本山交差点（千種区）　昭和47年1月

写真奥が南で、名古屋大学方面に続く四谷通。学生街らしく周辺には古本、新刊合わせて5つの書店があり、パチンコ店、マージャン店、ボウリング場が終日学生でにぎわった。

覚王山日泰寺の弘法さん（千種区） 昭和33年9月

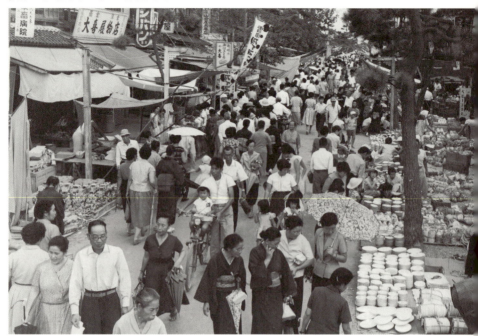

弘法大師・空海が入滅した3月21日を起源に毎月21日は日泰寺の縁日。沿道には様々な露店が。最近はおしゃれなグルメが参拝客を誘う。

名古屋市電の大久手電停 (千種区) 昭和26年7月

電停付近での市電の事故。大久手から安田車庫に向かう「八事線」は住宅、商店の密集地で幅員が狭く事故も多発した。

千種本通（千種区）　昭和38年5月

飯田街道に面した商店街。中央本線線路から吹上まで南東に続く。古井ノ坂通とも呼ばれ、写真奥の吹上方面（南東）に長い坂道が続く。明治期に商店街ができ、戦前は千種区随一の繁華街だった。

名京大教会（千種区）　昭和39年8月

今池の南にある天理教の大教会。緩やかなカーブの道に並行する石垣と板塀が美しい。今も写真当時と同じ姿で健在だ。左は春岡小学校。

城山町 （千種区） 昭和39年6月

寺社や学校の多い町内には曹洞宗の尼僧の修行道場があり、独特のたたずまいを見せる。

今も緑の多い、閑静な地域だ。

椙山女学園西側（千種区）　昭和39年7月

椙山女学園の西側の坂道。東の展望はひらけていて、東山の森に向けて一直線に延びている。

60年経って都市化が進みビルが立ち並ぶが、現在も眺望は開けている。

鏡池（千種区） 昭和39年8月

名古屋大学の北西にあるため池。写真当時は池の周辺に桜並木がありにぎわった。

現在は、立ち入りが禁止されていて往時の風情はない。

名古屋刑務所（千種区） 昭和39年7月

刑務所が西加茂郡三好町（現・みよし市）へ移転したあとには、名古屋市中小企業振興会館（吹上ホール）ができた。現在写真の右は若宮大通。

名古屋刑務所——善悪分ける長く赤い線

　この道には、人生の悲哀がある。もろもろの悪はなすことなく、もろもろの善を奉行せよとは言うものの、悪縁みのれば人間どんなことでもやりかねない。人生の明暗を分かつ道でもある。

　善人がいつまでも善人ではない。悪人がいつまでも悪人ではない。善悪二つながらかねそなえ、いま幸いにして明るい道を歩むからといって、人はなぜ人をさばき、囚人として刑を強制しなければならないのか。思えば悲しい人間の道である。

　春には百花乱れ、夏には涼風が流れ込み、秋には紅葉の木の葉が映える。美しい自然の暦は人間の決めた善悪の規範など超越し、まるで眼中にない。それなのにレンガのヘイよ、お前はどうして肩をいからし立ちはだかるのか。あたたかい住まいのまん中に、どうして冷酷な表情で立ちすくむのか。

　"しかし"——と、赤いレンガは答えるだろう。わたしだって、4.5メートルも背を張って、幾万個というおびただしいレンガを、むやみとふんまえているのじゃない。長方形のレンガの一辺（長）をaとし、他の一辺（短）をbとし、厚さをcとすれば、ヘイの高さは$57c + 3b$。$3a$の幅をもつ柱をはさんで、ヘイの一区画は$20a$の長さである。東西南北に張りめぐらされた延長は1200メートル。走り高跳びのオリンピック記録は2.16メートルだから大丈夫だが、棒高跳びは、米のフラッグがローマ大会で4.70メートルを飛んでいるじゃないか。こんなのがはいってきたらレンガのヘイはひとまたぎ。私の存在価値は薄れたようだ。お役がはたせなくなったというわけではないが、この８月、新刑務所は三好町（西加茂郡）に完成するから、今年度中には引っ越しだ。明治32年から立ちつづけた赤レンガのヘイも、名古屋の人の前から消えていく。そして、この広い刑務所の跡は、児童公園と道路になる。町を明るくする運動に、刑務所も協力するのだ。

　刑務所はなくしたいが、赤いレンガと桜並木は残してほしい。すでに西側は老木となって残りすくない。刑務所創設以来の文化財である。北側はまだまだいい。木も多い。この道を歩くさまざまな人の肩越しに、白い花びらをいつまでも散りかけてもらおう。

（「名古屋タイムズ」昭和39年7月16日）

東山動植物園のモノレールと上池 （千種区） 昭和43年4月

昭和39年2月～昭和49年6月に園内を運行した懸垂式モノレール。

昭和62年から跨座式モノレール「スカイビュートレイン」が運航している。

西山団地 (名東区) 昭和37年2月

昭和30年代前半に日本住宅公団（現・都市再生機構）が名古屋のベッドタウンとして開発。当時は千種区で、写真奥（東）は開発前の猪高町の丘陵地。現在の写真は東山タワーから同方向を望む。

地下鉄東山線の高架路線で試運転（名東区） 昭和44年3月

地下鉄東山線の本郷駅〜藤ヶ丘駅（現・藤が丘駅）の高架路線を試運転する車両。この年4月に星ヶ丘駅〜藤ヶ丘駅間が開業。以後、同区間周辺の発展は目覚ましい。

鶴舞公園竜ヶ池（昭和区） 昭和39年7月

公園一帯は、もとは田園地帯で、公園北の竜ヶ池は農業用ため池。明治期の関西府県連合共進会の際にボート池に。池畔と橋で結ばれた浮見堂は空襲で破壊されたが昭和30年再建。改修を重ねている。

菊園町の石川橋（昭和区） 昭和38年7月

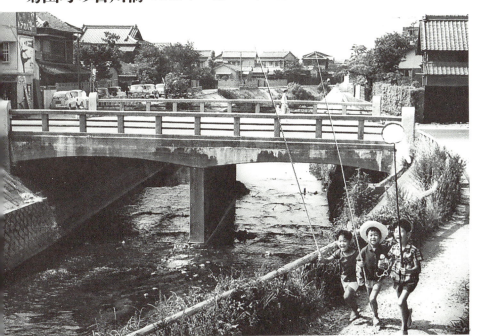

山崎川にかかる石川橋。写真奥が北。川沿いは今も昔も桜の名所で、高級住宅地。橋のかかる通りを左（西）に行けば名古屋市立大、右に行けば八事。

隼人池 (昭和区) 昭和39年7月

犬山城主、成瀬正虎（成瀬隼人正正虎）にちなむ池。農業用の灌漑池として整備された。

隼人池──池に浮く白壁の影

　名古屋の東部は樹木の育たない地帯だそうだ。そこに広大な丘陵が重なりあって、その表面は緑のうねりにおおわれていても、地ハダを見たばあい、それはなるほどとうなずける。ごろごろした大粒のジャリはまるだし。土は乾燥して白かっ色のあわれな色彩。60％を超す湿度は不快指数をあげるのに役立っても大地の中までは及ばない。樹木の美にとっては、まことにうらめしい土地柄なのだ。

　もしここに、樹木の下にコケが茂り、黒ずんだ土に白壁の民家が点在したらどうだろうと、ふと考える。恐らくそれは、あのまろやかな大和の風景、たたなずく青垣山にかこまれた奈良に似た、もっとスケールの大きい景観が展開されるに違いあるまい……と思いながら、わたしたちは八事の山をくぐり抜け、瑞穂の丘をながめまわった。そしてようやく見出したのが南山の周辺、隼人池かいわいだった。市電の杁中から半僧坊より、少し行ったあたりに隼人池はある。

　池にそって桜並木。南にはいる道である。そこに南山の女子部校舎がとりすました美しさで待ちうけている。道はやや坂道。ここまで来たら、ぐるりとひとまわり。もう一度、いま来た方向をながめよう。電車道の向こう、やや右手の樹林の上に、興正寺の五重塔が浮かびあがるはずである。塔の姿は池の面に影を落とすほど近くはないが、それでも、猿沢池から高台に浮かぶ興福寺の五重塔と似たような構図とはいえないか。そしてこんどは池の東岸を見よう。合掌造りの白壁の民家が一軒、二軒、静かに影を落として池の面に浮かんでいる。道の荒らしさは口惜しいけれども、コケむす道というところまで似てしまっては、それこそ"大奈良"となって個性がない。奈良をしのばせる名古屋の道で上々である。

　そこから少しもどると南山男子部の本拠がある。杁中から折れたあたりがこの広い南山の学園地帯の顔にあたるところで、十字架をかざした塔状の礼拝堂とピオ館、大学旧校舎のヒマラヤシーダの植え込みも、いかにもここらしい風景。紺のベレーをかむった女子部の生徒が、若い夢を奏でて通る雰囲気のある散歩道は、直線の交差でつづき、相変わらず坂道である。

（「名古屋タイムス」昭和39年7月7日）

桜山交差点 （瑞穂区） 昭和38年8月

昭和郵便局から西を見た光景。桜山交差点のカーブを市電がゆく。往時は魚屋、八百屋、てんぷら屋、乾物屋など、小さな店が所狭しと並ぶマーケットがいくつかあった。

山崎川の桜 （瑞穂区） 昭和39年8月

花見客目当てに屋台や川床が出てにぎわったころの山崎川河畔。地域住民の苦情で昭和50年に廃止された。石川橋〜落合橋の約2.5kmの両岸に約600本の桜並木が続く。

雁道発展会 （瑞穂区） 昭和24年12月

雁道通発展会の年末年始売り出し風景。当時は120店の商店が並んだ。

現在は往時の賑わいはない。右端電柱の細井電機商会（現・細井電機）の広告が見える。

大根池(天白区) 昭和39年8月

当時は昭和区天白町。都会の喧騒から離れた自然の中にあり、夏になると子どもらが水泳や魚とりを楽しんだ。現在は自然を残しつつ、池周辺を天白公園として整備。家族連れでにぎわう。

大根池——魚とる子の歓声、大空に

　はじめての人なら地図があってもおそらくおいそれとは行きつけない。所在地は至って簡単。昭和区天白町の東はずれ。栄町や金山橋からのバスもひんぱんに走っている。そのバス停"天白支所前"を通りすぎて"原"の手前から南にはいる道があるはず。
　ここまで来ると、それがいっこうにわからない。たしかに道は三本ほどあるのだが、どれも2メートルあるなしの曲がりくねった道ばかり。栄町からここまでが約40分かかるとして、原で下車して10分迷い、目指す大根池までまた10分。つまり1時間以上かけないとここまではこられない。
　これほど苦労してまで来るカイがあるかどうか、正直いって大根池に着くまで不安がつづいた。バス通りを"原"から少しもどり、大根川という1メートルほどの流れにそって来てみれば、なんのことはない山の中の池というだけ。こういってしまえばミもフタもなくなってしまうが、実はこの大根池、かなりの風景をもっており、あたりの丘陵の静けさとともに、雰囲気はなかなかすてがたい。排気ガスの汚れを避けて"山野を跋渉する"のなら、まずこの付近を求めるべきだろう。
　大根池は、おおね池と読む。別名が天狗池。これは池の真ん中に島があって、少しばかりそそり立った姿が天狗の鼻に似ているからに違いない。山すそに生まれた池だから、天然の湧水をたたえた女性的なたたずまいで、波一つ立たない鏡のような水面である。池の周囲を松林がとりまき、松林は次第に山すそをはいあがって広がっていく。夏の間は子供たちの水泳場だ。
　池ばかりでなく、道の下を流れる小川は魚とりの絶好の場所でもある。自転車に子供を乗せた若いパパが、ヨツデを張って魚とりにやって来る。土を盛って小川をせきとめ、ヨツデに追い込む魚とりだ。えものは10センチもあるフナ。
　丸い丘に、竹林もある。騒音などまったく聞こえない。丸い丘のつらなりはどこか京都の東山三十六峰、円山(まるやま)かいわいを思わせるようであり、大文字山から下りた浄土寺あたりの景観によく似ている。東の山腹に大文字を燃え上がらせ、夜空に赤いその大文字を、この池に写したならば、きっと美しいながめになるだろうと、まぢかに迫る京都の大文字焼きをしのべるのも楽しい。　（「名古屋タイムズ」昭和39年8月12日）

守山区役所前 (守山区) 昭和38年2月

守山市が名古屋市と合併し守山区となったことを記念したパレードが、区役所前に到着した様子。区役所は昭和46年に移転し、跡地は守山図書館になった。

守山くずれ趾（守山区）昭和39年8月

天文4（1535）年12月、徳川家康の祖父清康が家臣に暗殺された「守山くずれ」。矢田川北西のこのあたりの陣中で暗殺されたと伝わる。左は白山神社。

桜通と国鉄名古屋駅（中村区） 昭和34年9月

名古屋駅前から大津通までを直進する桜通は昭和11年12月完成。当時はイチョウと桜を交互に植えた並木。国鉄（現JR）名古屋駅は翌年完成。平成11年にJRセントラルタワーズ内に。

名古屋駅前 (中村区) 昭和40年2月

北から南を望む。中央奥が名鉄百貨店、左が大名古屋ビルヂング、右が国鉄名古屋駅。現在は、名鉄百貨店以外は風景が一変した。当時の角度で撮影できないため、新しい大名古屋ビルヂングは映り込まない。

増築工事中の名鉄百貨店（中村区）　昭和31年2月

同店は昭和29年12月に開業。当時は4階建てで、その後、増築工事に着手し、昭和32年7月に10階建てで全館オープンした。

駅西（中村区） 昭和42年9月

バイタリティ溢れる名古屋駅西の商店街。写真奥が西で、しばらく行くと右手に椿神社がある。現在は整備が進み、若者や旅行者に人気のスポットもある。

柳橋交差点（中村区） 昭和38年3月

広小路の笹島と納屋橋の間にある交差点。写真当時はキャバレー、パチンコ店、映画館などが密集。名古屋を代表する盛り場の一つだった。

中村の大鳥居 (中村区) 昭和25年7月

大正10年、中村など16町村が名古屋市に編入したのを記念して昭和4年11月に完成。京都の平安神宮の大鳥居と同じ年に建設され、高さも同じ24.24m。

名古屋温泉ドリームセンター（中村区）　昭和29年5月

大門通に建設中の温泉会社直営のパチンコホール。「1500台設置の東洋一のホール」の触れ込み。

その後、跡地(右奥)はユニー中村店が建ち、現在はピアゴ中村店に。

清正公通商店街 （中村区） 昭和39年6月

戦国武将の加藤清正の出生地と伝わる妙行寺から東に続く商店街に水銀灯ができたときの写真。

妙行寺の隣には豊臣秀吉生誕の地と伝わる豊国神社と中村公園がある。

旧稲葉地配水塔 (中村区) 昭和39年6月

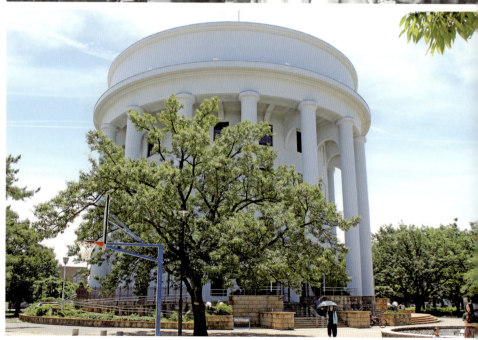

名古屋駅周辺の配水塔として昭和12年完成。高さ31m、直径33m。16本の支柱が水槽を支える。昭和19年に機能停止。昭和40年に市中村図書館、平成7年に名古屋の演劇人のための演劇練習館に。

市営住宅戸田荘と宮田用水 (中川区)　昭和45年7月

田んぼの中に建つ戸田荘と農業用水（宮田用水）で遊ぶ子どもたち。戸田荘は昭和44年～45年に建てられた。団地っ子は用水での魚とりに夢中になった。

名古屋市電下之一色線 (中川区) 昭和44年2月

尾頭橋―下之一色の同路線は戦前に開業。昭和44年の廃止間近の風景。

民家の軒先を走った下之一色では、今も狭さを実感できる。

松重閘門 (中川区) 昭和39年7月

堀川と中川運河を結ぶ水位調節のための閘門。昭和7年12月運用開始。昭和51年に閉鎖されるが尖塔などを文化財として保存。現在は、周囲の変化で過去のような写真撮影は難しい。

白鳥の貯木場（熱田区）　昭和62年9月

堀川にかかる御陵橋から上流（北）を望む。左が江戸期以来の白鳥貯木場で、堀川にも木材が。平成元年の世界デザイン博のメイン会場として再開発。現在写真の左奥はデ博レガシーの国際会議場。

名鉄神宮前駅西口 (熱田区) 昭和37年10月

熱田神宮の玄関口で、当時の乗降客は1日約6万人。昭和58年〜令和3年、駅ビルに商業施設があったが、再開発で令和6年に名古屋名物を集めた木造平屋建ての商業施設が開業。

熱田湊の常夜灯 (熱田区) 昭和29年2月

堀川と新堀川の合流点にある「七里の渡し」の船着き場。江戸時代に設置された常夜灯は空襲などで荒れ放題だったが、この年に名古屋市の文化財に。現在は「宮の渡し公園」として整備。

大瀬子橋（熱田区） 昭和39年5月

「七里の渡し」の北西、堀川にかかる橋。昭和35年に交通量の増加で歩道として木橋をつけ足した。織田信長の時代、かいわいには魚市場がありにぎわった。橋は昭和48年にかけ替えられた。

奇妙な歴史の香り——トントン渡る親子橋

　納屋橋の下を流れる堀川が、熱田区の南のはずれで新堀川と合流する。町名でいえば、内田町、神戸町、大瀬子町のあたり。合流の直前、東にかかるのが内田橋、西は大瀬子橋。どちらも市バスが通る主要路線の一つである。

　浪花節の清水次郎長ならへ東海道は茶のかおり。ここは潮のかおりと魚のにおい。——ちょっと表現できないような堀川の水の濁りは、潮のにおいと一緒になって、一種独特の味をかもし出す。川のようで潮くさく、海のようでドブ川のような、とにかく妙な錯覚におちいる不思議なながめがある。それは、このあたり全体の雰囲気かも知れない。

　大瀬子橋もその一つ。ソリのきついこの橋は、交通量の増加にともない歩道をつけたした。昭和35年のこと。子持ちの橋になったわけ。しかも、コンクリートの主な部分の北側につけたした歩道は木の橋である。二筋並んだ対照がおもしろいし、歩道の方はトントン音がする板の横組み。大型自動車が突っ走る南のコンクリート橋さえ無視すれば、京の五条の橋の上にいるような、遠い日の夢もよみがえろう。大瀬子橋の木の橋は母の寝物語の味がする。

　道（橋）の長さは、川のハバよりやや長く全長89メートル、幅員5.6メートル。木の橋は二人並んで通れるくらい。橋を渡って引きかえせば歩行距離は約200メートル。目を右に左に、船やイカダの放列をながめれば、15分や20分は結構楽しめる。ほどよい散歩道である。

　意欲のある人は大瀬子町界隈を歩くのもよい。北西につながる木之免町には昔魚市場があった。信長時代は非常なにぎわいだった。この付近一帯が埋め立てられた現在と違って、海の入りこんでいたころのことである。豊かな伊勢湾の幸を持ちよってここで市(いち)を開いたのは地理的にみて当然のことだろう。

　魚の町のおもかげは現実の姿としても残されている。カマボコ製造業者は大瀬子だけで9軒もあるし、魚箱は、道のあちこちに山のように積みあげられている。何百年来の魚のにおいは、この町にしみこんでいるのだ。もっと歴史の好きな人には"宮の渡し"跡に立つ湊常夜灯がある。神戸町にただ一軒残る江戸時代の船問屋の、かしこまった構えも、一度は見ておきたい風景である。（「名古屋タイムズ」昭和39年5月31日）

名古屋一狭い商店街・沢上 (熱田区) 昭和37年12月

立派なアーチが迎えるが、ウナギの寝床のような東西130m、幅2.5mの商店街。

現在は幅約 10 mの直線道路に整備され往時の面影はない。

高蔵町（熱田区） 昭和52年6月

高蔵町は機械屋の町でした

山下機械株式会社会長
山下隆蔵

　この写真は高蔵(たかくら)の交差点から金山方面を見た風景です。市邨学園高蔵高校（現・名古屋経済大学高蔵高校）の生徒さんたちですね。写真左隅にハンコ屋の看板が少し顔を出していますが、坂井印舗でしょう。奥に見える「きしめん」の看板のところは「ことぶき食堂」。気の良い夫婦が営んでいて、私もよく食べにいきました。

　撮影されたのは昭和52年6月1日ですか。毎年この日は、近くの高座結御子(たかくらむすびみこ)神社例祭です。歩道にちょうちんが飾られているのが写っていますね。ちょうどこの写真の手前から左に、神社までの細い通りがあります。両側に屋台が並び、にぎやかです。

　私の会社、山下機械株式会社は、通りを挟んで東側の角が創業地でした。父親の寅蔵が昭和4年に木村彌作商店から独立（当時は山下商店）、最初は間口二間の店でした。現在の本社はそこから通りを挟んで南側ですが、戦前には工作機械陳列場がありました。東洋一の工作機械展示場と言われ、200台を超える機械が並んでいたんですよ。

　戦後、沢上からこのあたりまでの通りは両側に機械屋の店が数多く立ち並びます。戦前に名古屋陸軍造兵廠が近くにあったことも大きな理由でしょう。広大な軍需工場でした。戦争が終わって、工場にあった工作機械が民間に払い下げられます。当時は新しい機械をつくることがむずかしく、焼け残った機械を修理して使うしかない。このあたりの店で一般の方が機械を買って、鍛冶屋さんを始めた人も多かったです。

　小学生のころの話です。お正月の三が日、熱田神宮は参拝客でにぎわいますが、田舎の鍛冶屋さんはそのついでに機械を見にこの町を訪れるんです。普通の参拝客は熱田神宮で降りますが、彼らは金山橋（当時）で降りる。高蔵までの通りにある機械屋を覗き、自分のほしい機械があれば、じっと見てね。でもすぐには買わない。お参りしてからもう一回こちらに寄って見ていく。そこに小学生の私がうろちょろしていると、「坊や、この機械いくら？」って聞くんですよ。相場表があって、そこに「L-3＝15万円」とか書いてある。お客さんに伝えてもその場では購入を決めない。番号を覚えておいて、正月明けの1月10日くらいに電話がかかってくる。「山下商店に行ったらL-3が15万って書いてあったけれど、まだあるかね」という。それで買ってくれるわけ。番頭さんが、隆ちゃん、あんたがいった機械売れたよといって、ご褒美に森永ミルクキャラメルをひと箱もらうのが私の楽しみだった。

　そうそう、市邨学園は瑞穂区に移転してしまいましたが、生徒で優秀な人をうちの経理担当でずっと採用していました。

　私は子供のころから機械のなかで育ちました。いま85歳ですけど、生まれてから大学で東京に行ったくらいで、あとはずっとこの高蔵の地で働いています。

（構成／編集部）

名古屋港中央ふ頭灯台 (港区)　昭和39年8月

昭和14年に同ふ頭に完成。名港のシンボルも昭和37年に役目を終え、昭和55年撤去。

昭和59年、同灯台跡地近くに白い帆船をイメージした名古屋港ポートタワービルが完成。

名古屋港中央ふ頭 (港区) 昭和36年11月

入り船でにぎわう名古屋港中央ふ頭。倉庫群の間を、荷を運ぶ線路が走る。中央奥に灯台が見える。
平成4年完成の名古屋港水族館など現在は「ガーデンふ頭」として総合レジャー施設が建ち並ぶ。

名古屋港1、2号地間の運河（港区）昭和37年12月

1号地（現・築地口）と2号地（現・官庁街、ガーデンふ頭）の間にあった運河。中川運河と堀川を結ぶ運河だったが、膨張壁の整備などのため写真の翌年に埋め立てられ公園など公共用地に。

名古屋港のはね上げ橋 (港区) 昭和37年11月

名古屋港の堀川にかかる港新橋。昭和8年に完成。昭和39年5月、上流約80mの名四国道にかかる新「港新橋」の完成で閉鎖された。

築地口の夫婦松（港区） 昭和33年11月

かつてこの辺りまで海で、江戸時代に防風林が作られた。2本の松はその名残で、仲を裂かれた男女が首を吊ったという伝説も。交差点整備のため姿を消した。

道徳公園 （南区） 昭和39年7月

元は江戸期に開拓された新田。昭和初期には映画撮影所もあった。跡地は道徳小学校、大江中学に。
昭和6年開園。昭和2年に後藤鍬五郎が作製したクジラ像は国の登録文化財。

大慶橋付近 (南区)　昭和39年8月

南区の南、緑区との境界の天白川にかかる国道1号の橋。かつては「あゆち潟」の入江で、戦後も川べりの草むらに牛馬がはなたれたのどかな地域。

鳴海駅前通商店街（緑区） 昭和38年12月

名鉄鳴海駅北西の浅間橋南から北を望む。北に進むと左右に東海道が走る。

商店街の建物はセットバックし、道路は拡張された。商店街の面影はなくなったが、写真右の模型・文具・玩具の「フクシマヤ」、学生衣料の「アオマツヤ」は現在も営業中。

鳴子団地（緑区） 昭和38年4月

名古屋のベッドタウンとして日本住宅公団（現・UR都市機構）が昭和34年から造成、随時入居。
昭和39年竣工時は約2000世帯が入居し団地内に小学校も。平成時代に再生計画が進められた。

鳴海球場（緑区）　昭和33年7月

夏の甲子園大会愛知県大会開会式の様子。同球場は昭和2年10月開場。昭和11年2月には日本初のプロ野球の試合（巨人対金鯱）がおこなわれた。昭和34年4月から名鉄の自動車学校。

写真でたぐりよせる記憶

杉浦秀昭（元名古屋市博物館写真技師）

　高校の担任を囲む会を開いた。50年の時を経た卒業アルバムが活躍し、写真を手掛かりにして、変わらない者、別人？になった者、数十年の歳月の残酷さを笑い合いながら、それぞれの思い出と歩んできた人生の今を語り合った。古びた一冊のアルバムが共有する思い出の世界にゆっくりと戻してくれた。

　本書「名古屋タイムスリップ」は名古屋今昔写真集にして、名古屋市民の共有する社会的アルバムであるようだ。都市の驚愕の変貌と、過去の思い出のこもった写真の数々を楽しみたい。

　昭和34年9月、名古屋を伊勢湾台風が襲った。まさに、その年、その月に名古屋城天守閣が再建され、竣工式も行われる予定だった。台風の被害は甚大で、竣工式は規模を大幅に縮小して行われたと聞いている。市民にとって嬉しい出来事ではあったが、巷間では天守閣再建万歳のニュースどころではなかった。竣工当時のカラー写真には屋根を赤銅色に輝かせた雄姿が写っている。歳月は姿を変える。風雨にさらされ、さらに時を経れば、銅板独特の味のある緑青がふき現在の姿に重なるが、当時は銅板そのままの赤銅色だった。あくる年の夏、小学生の私は幼馴染と夏休みの課題の一つ、絵を描き上げるために名古屋城に行かせられた。おぼろげな記憶ではお城を見てみたいという思いもあったような気もしたが、あくまでも自由意志ではない二人にはお目付け役として幼馴染の中学生のお兄さんを付けられた。内堀の斜面に座って描き始めた二人は案の定、最後の仕上げもせず遊びに興じ、業を煮やした絵の得意なお兄さんが最後の仕上げ。何と、その絵は入選、もちろん小さな学校の小さなクラスの中でしたが、恥ずかしさで下を向くばかりだった。再建当時の天守閣の写真は65年前の名古屋城の暑さと恥ずかしさを蘇らせた。近い将来天守閣の建て直しがある、たとえコンクリート造りの城であろうと何十年と馴染んできた城だ、数知れずの人々の思い出が消される前にじっくり眺めておこう。

　名古屋城へは市電大津橋電停から徒歩だった。昭和30年代の市電路線網は市内の主だった所へ行けるほどに敷かれていた。件の名古屋城へは開橋（後に昭和町）〜大津橋の路線を利用した。私の住んでいた地域にとってこの路線は便利で、栄（当時は栄町）はこの路線で一本、松坂屋、オリエンタル中村（現名古屋三越）、丸栄へもこの路線を使うと都合が良かった。今池電停、大久手の市電の写真に限らず、桜山交差点、今池交差点、広小路、東片端、これらの写真にも市電は登場している。市民の足として、いかに活躍していたかがうかがわれる。時代は進み、市電は自動車の大きな波に勝てず、徐々に地下鉄に代わっていった。今や地下鉄は小さなリングとはいえ環状線

を持つまでになった。市電の写りこんでいた街々は豊かに繁る街路樹を前景に高速道路の高架を後景にした近代的ビル群に、まさに都市の様相となった。新緑の頃、広小路の並木道を市電のガタゴト音を空耳に散歩するのも一興か。自分史的に残念なことは尾頭橋〜下之一色の市電路線に乗れなかったことだ。昭和44年に廃線。その方面に縁はなく、特に電車に興味もなかったので、その特異な路線の存在を知らなかった。二十数年前、両側に家が迫り、そこを抜けると車窓に田園風景が広がり、終着は名古屋市内の漁港、下之一色、このことを写真や文献で知ることとなった。郷愁と言われればその通りだが、その時点で30年遅れの残念だった。

　私がよく乗っていた市電の系統で熱田駅から分岐して名古屋港までの路線があった。結局乗らず仕舞いだったが、まだ市電の路線に疎かった子供の頃、堀川に架かる跳ね上げ橋を渡って徒歩で港まで行ったことがあった。市電で行けるとは思いのほかだった。名古屋港中央埠頭は公園化され、ガーデン埠頭と名を変え、産業港としての機能は西側の飛島地区に移転した。残念なことに、近くに住んでいながら跳ね上がった橋を見た記憶がない。ただ、橋を渡る時、恐る恐る覗くように見た真っ黒い水面だけは覚えている。

　オリエンタル中村が三越に変わり、栄、名駅のデパートは商戦華やかなりし頃、メディアに4Mと呼ばれるようになった。今、丸栄は消え、松坂屋には関西資本が入った。三階建てのオリエンタル中村の記憶はないが、カンガルー前での待合せは、ほろ苦い思い出として残っている。今のようなテーマパークがなかった小学生の頃、夏休みの一日、デパートの屋上遊園地での遊びは楽しかった思い出だ。消えた遊園地は夏の大人のお楽しみ、屋上ビアガーデンになった。

　石原裕次郎の歌で「白い街」がある。名古屋を歌ったご当地ソングだ。冷静に考えてみれば、俗説にしてこじつけなのに「だだっ広く、何もない白い街」を表現したものだと名古屋人は勝手に思い込んだ。私も思っていた。テレビ塔から見た昔の写真は、やはり白い街だった。今はどうだ、本書の写真にあるように緑あふれる街になりつつある。遠大な都市計画の中に緑化は織り込み済みだったかもしれないが、この緑化に繋がったのは俗説の「白い街」を「なにくそっ」と前向きにとらえた人達のおかげだと思いたい。

　本書掲載の写真の中には私の知らなかった場所もたくさんあった。現在の写真を目印に昔の写真の世界に入りたくなった。そうだ、蛇池へ行こう。

［編著者紹介］
長坂英生（ながさか・ひでお）
1958年、愛知県岡崎市生まれ。信州大学卒業後、1980年に名古屋タイムズに入社し社会部記者に。2008年、名タイ休刊後、フリー記者・編集者、名古屋タイムズアーカイブス委員会代表。名古屋市在住。

装丁／三矢千穂

名古屋タイムスリップ

2024年10月30日　第1刷発行　（定価はカバーに表示してあります）

編著者	長坂 英生
発行者	山口 章
発行所	名古屋市中区大須1丁目16番29号 電話 052-218-7808　FAX 052-218-7709 http://www.fubaisha.com/　風媒社

乱丁・落丁本はお取り替えいたします。　＊印刷・製本／シナノパブリッシングプレス
ISBN978-4-8331-4322-6

名古屋タイムズアーカイブス委員会

　終戦の翌年1946年5月22日に創刊した「名古屋タイムズ」は2008年10月31日をもって休刊した。これを受けて同社社会部の長坂英生が記事、写真資料とその著作権を同社から譲り受けて、有志らと名古屋タイムズアーカイブス委員会を設立した。

　委員会は60余年に及ぶ膨大で、貴重な資料を管理・保存すると同時に出版や展示、メディアへの資料提供などをおこなっている。編集した主な出版物は以下の通り。

　「名古屋情熱時代」（2009年、樹林舎）「名タイ昭和文庫①・名古屋城再建」（2010年、樹林舎）「名タイ昭和文庫②・大須レトロ」（2010年、樹林舎）「名タイ昭和文庫③・ぼくらの名古屋テレビ塔」（2010年、樹林舎）「昭和イラストマップ　名古屋なつかしの商店街」（2014年、風媒社）「昭和の名古屋　昭和20〜40年代」（2015年、光村推古書院）「名古屋昭和の暮らし　昭和20〜40年代」（2016年、光村推古書院）「なごや昭和写真帖　キネマと白球」（2022年、風媒社）「写真でみる戦後名古屋サブカルチャー史」（2023年、風媒社）「名古屋・青春・時代」（2024年、桜山社）

風媒社の本

写真でみる戦後名古屋サブカルチャー史
長坂英生 編著

「マンガとアニメ」「ポピュラー音楽」「アングラ演劇」「ストリップ」「深夜放送」「格闘技」……〈なごやめし〉だけじゃない名古屋の大衆文化を夕刊紙「名古屋タイムズ」の貴重写真でたどる。
一六〇〇円+税

なごや昭和写真帖 キネマと白球
長坂英生 編著

懐かしの映画館と街の風景、映画ロケ現場や宣伝マンたちの情熱。数々のドラマを生んだ名古屋の野球場、野球映画の隆盛、アメリカのプロチームの来日、野球少女たちの夢……。熱気あふれる時代の息づかい。
一六〇〇円+税

昭和イラストマップ 名古屋なつかしの商店街
名古屋タイムズアーカイブス委員会 編著

円頓寺、名駅西銀座通、弁天通、長者町、大須、車道、今池、覚王山、大曽根、雁道、尾頭橋など…昭和20年代末から40年代の商店街の姿がイラストマップで蘇る。名古屋タイムズ秘蔵写真も多数収録。
一五〇〇円+税

愛知の昭和30年代を歩く
溝口常俊 編著

新幹線、100m道路、オートバイ、テレビ塔、市電、百貨店、動物園、映画館、商店、レコード…。バレー、パチンコ、銭湯、喫茶店、鬼ごっこ、駄菓子、集団就職、伊勢湾台風…。活気あふれる時代の息吹を感じるビジュアルガイド。
一六〇〇円+税

愛知の大正・戦前昭和を歩く
溝口常俊 編著

モダン都市の光と影――。カフェ、遊廓、百貨店、動物園、映画館、商店、レコード…。地域に残された歴史資料を駆使して、知られざる当時のまちの表情を読み解く。
一八〇〇円+税

占領期の名古屋 名古屋復興写真集
阿部英樹 編著

1945年10月、米軍の名古屋港上陸にはじまり、およそ1年半にわたって、名古屋を中心に豊橋、蒲郡、岡崎、瀬戸、犬山、一宮、大垣も活写。「後藤敬一郎関係写真資料」が語る戦後名古屋の原風景。
一六〇〇円+税